Impressum
Verlag: BABADADA GmbH, Nedderfeld 112 , 22529 Hamburg
Geschäftsführer / Verlagsleitung: Harald Hof
Druck: Books on Demand GmbH, In de Tarpen 42, 22848 Norderstedt

Imprint
Publisher: BABADADA GmbH, Nedderfeld 112 , 22529 Hamburg, Germany
Managing Director / Publishing direction: Harald Hof
Print: Books on Demand GmbH, In de Tarpen 42, 22848 Norderstedt, Germany

школа
школа

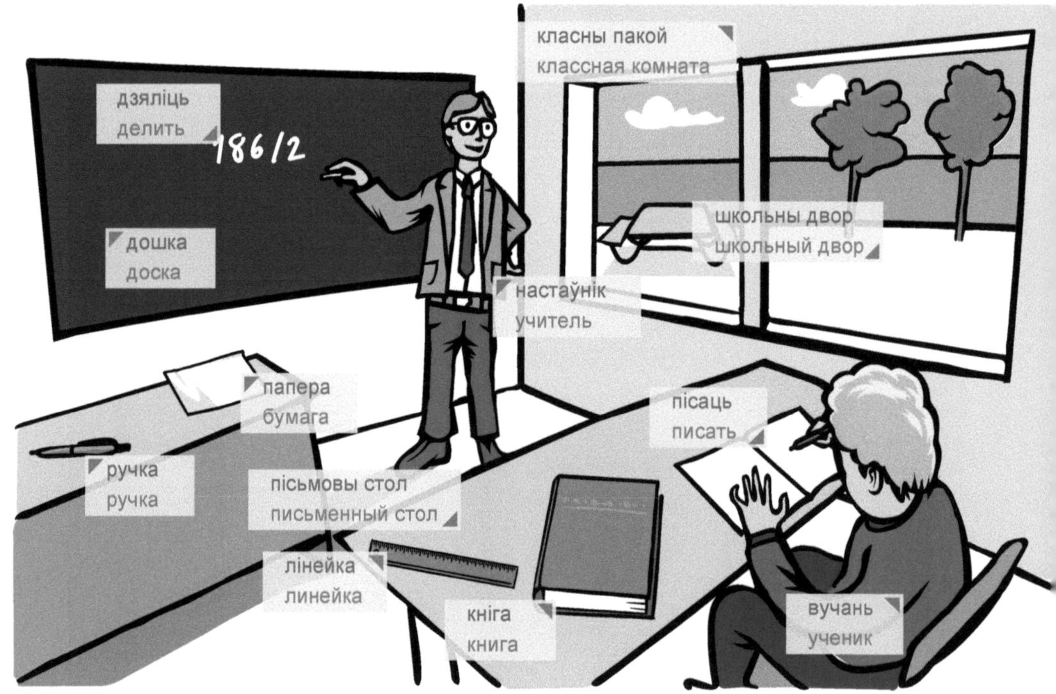
класны пакой
классная комната
дзяліць
делить
186/2
дошка
доска
школьны двор
школьный двор
настаўнік
учитель
папера
бумага
пісаць
писать
ручка
ручка
пісьмовы стол
письменный стол
лінейка
линейка
кніга
книга
вучань
ученик

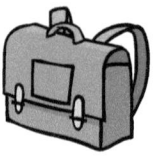

ранец
....
ранец

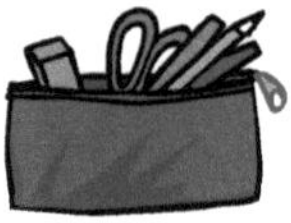

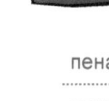

пенал
....
пенал

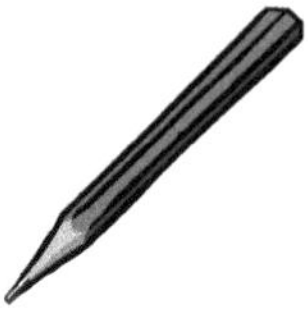

просты аловак
....
карандаш

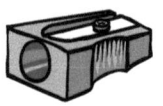

тачылка для алоўкаў
....
точилка

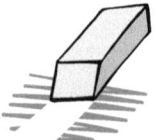

гумка
....
ластик

альбом для малявання
....
альбом для рисования

малюнак

рисунок

пэндзлік

кисточка

фарбы

коробка красок

нажніцы

ножницы

клей

клей

сшытак

тетрадь

хатняе заданне

домашняя работа

лік

цифра

дадаваць

прибавлять

адымаць

вычитать

множыць

умножать

лічыць

считать

літара

буква

алфавіт

алфавит

слова

слово

тэкст

текст

чытаць

читать

крэйда

мел

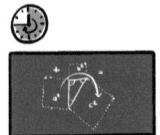

ўрок

урок

класны журнал

классный журнал

экзамен

экзамен

атэстат

диплом

школьная форма

школьная форма

адукацыя

образование

энцыклапедыя

энциклопедия

універсітэт

университет

мікраскоп

микроскоп

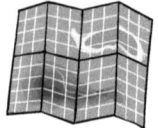

карта

карта

смеццевы кошык

корзина для бумаг

падарожжа
путешествие

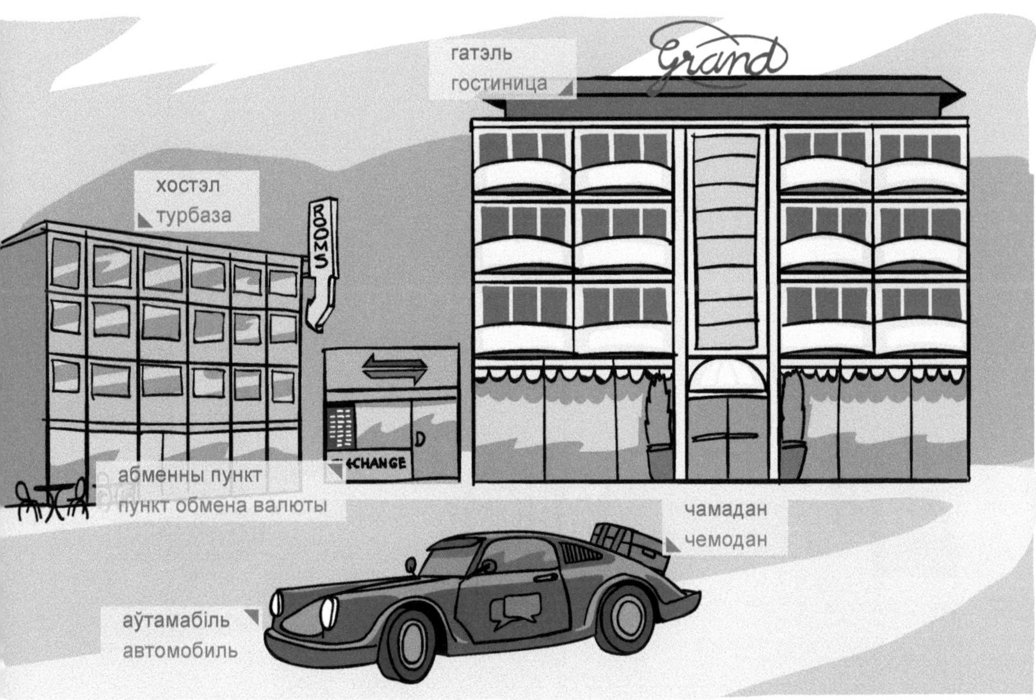
Grand
гатэль
гостиница
хостэл
турбаза
ROOMS
CHANGE
абменны пункт
пункт обмена валюты
чамадан
чемодан
аўтамабіль
автомобиль

мова

язык

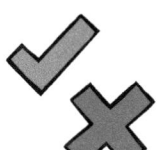

так / не

да / нет

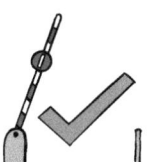

добра

хорошо

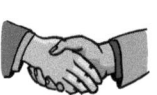

прывітанне!

Привет

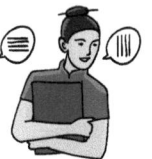

перакладчык

переводчик

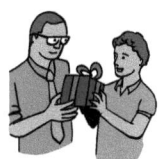

дзякуй

Спасибо

Колькі каштуе....?

Сколько стоит...?

я не разумею

Я не понимаю

праблема

проблема

Добры вечар!

Добрый вечер!

Добрай раніцы!

Доброе утро!

Дабранач!

Доброй ночи!

да пабачэння

До свидания

кірунак

направление

багаж

багаж

сумка

сумка

заплечнік

рюкзак

госць

гость

пакой

комната

спальны мяшок

спальный мешок

палатка

палатка

падарожжа - путешествие

інфармацыя для турыстаў

туристическая
информация

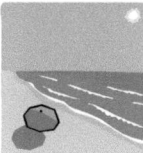

пляж

пляж

крэдытная картка

кредитная карточка

снеданне

завтрак

абед

обед

вячэра

ужин

праязны білет

билет

ліфт

лифт

паштовая марка

почтовая марка

мяжа

граница

мытня

таможня

пасольства

посольство

віза

виза

пашпарт

паспорт

транспарт
транспорт

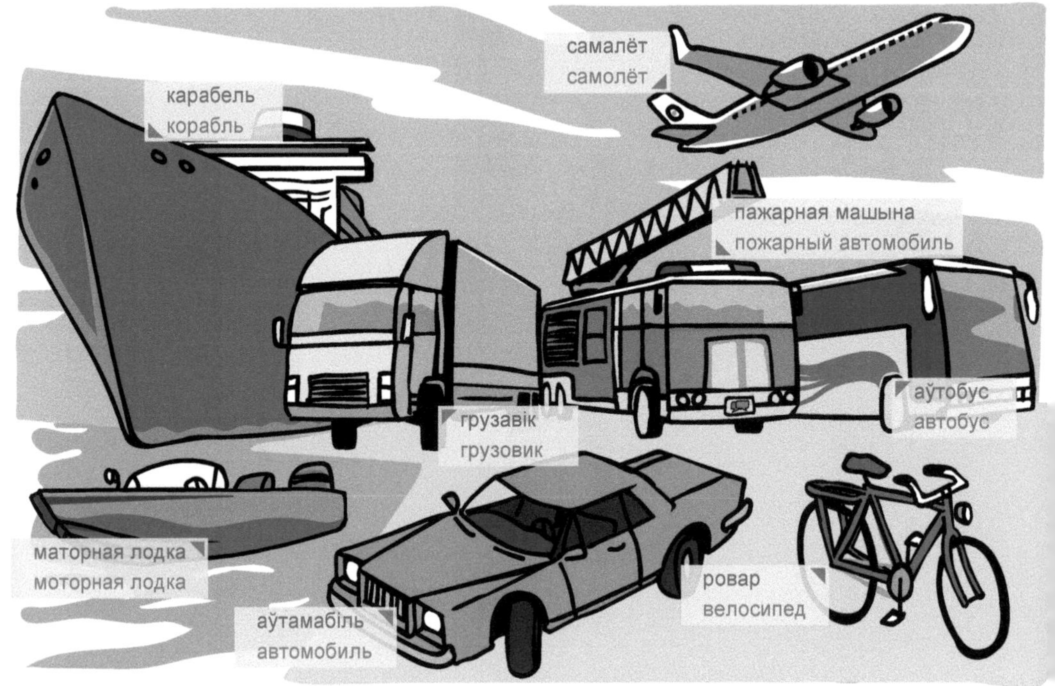

самалёт
самолёт
карабель
корабль
пажарная машына
пожарный автомобиль
аўтобус
автобус
грузавік
грузовик
маторная лодка
моторная лодка
ровар
велосипед
аўтамабіль
автомобиль

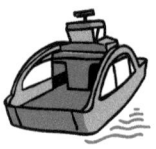

паром

паром

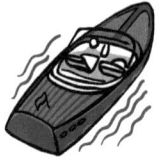

лодка

лодка

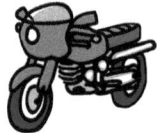

матацыкл

мотоцикл

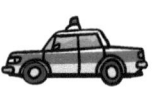

паліцэйская машына

полицейский автомобиль

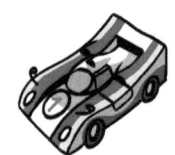

гоначны аўтамабіль

гоночный автомобиль

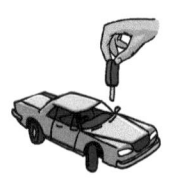

арэндаваны аўтамабіль

арендованный автомобиль

сумеснае карыстанне
аўтамабілем

совместное пользование
автомобилями

эвакуатар

буксировочный
автомобиль

смеццявоз

мусоровоз

матор

двигатель

паліва

топливо

запраўка

заправка

дарожны знак

дорожный знак

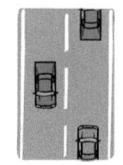

дарожны рух

движение

затор

пробка

паркоўка

автостоянка

чыгуначная станцыя

вокзал

рэйкі

рельсы

цягнік

поезд

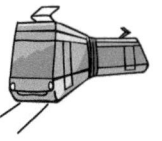

трамвай

трамвай

вагон

вагон

верталёт
············
вертолёт

аэрапорт
············
аэропорт

вежа
············
вышка

пасажыр
············
пассажир

кантэйнер
············
контейнер

кардонная скрыня
············
коробка

тачка
············
тележка

карзіна
············
корзина

ўзлятаць / прызямляцца
············
взлетать / приземляться

горад

город

вёска
············
деревня

цэнтр горада
············
центр города

дом
············
дом

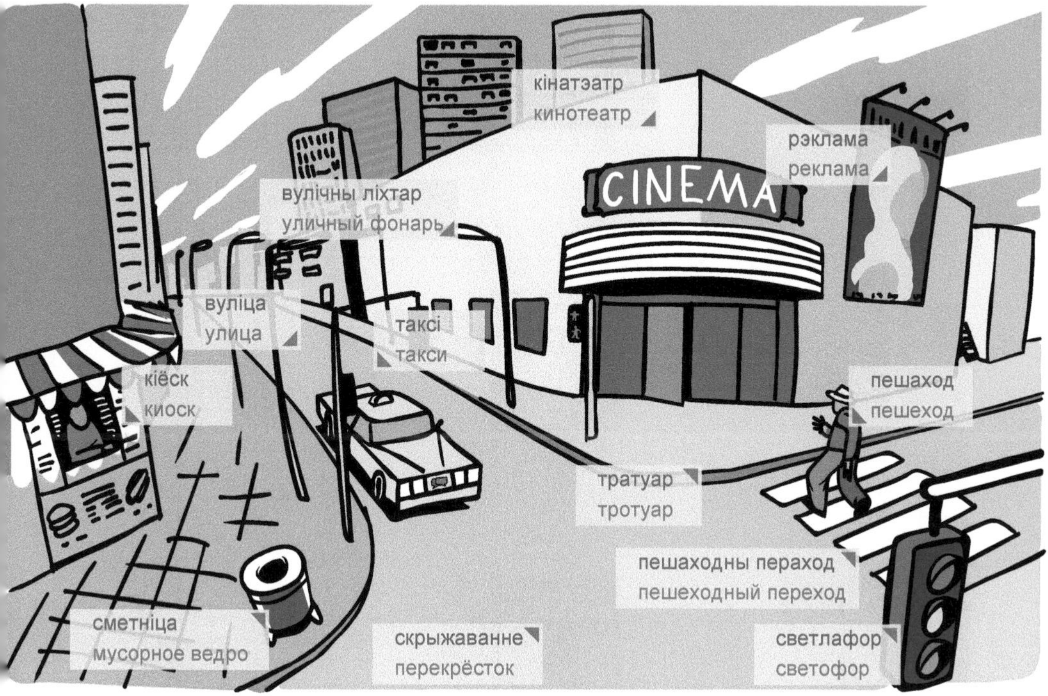

кінатэатр
кинотеатр

рэклама
реклама

вулічны ліхтар
уличный фонарь

CINEMA

вуліца
улица

таксі
такси

кіёск
киоск

пешаход
пешеход

тратуар
тротуар

пешаходны пераход
пешеходный переход

сметніца
мусорное ведро

скрыжаванне
перекрёсток

светлафор
светофор

халупа

хижина

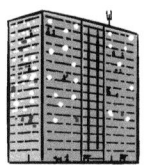

кватэра

квартира

чыгуначная станцыя

вокзал

ратуша

ратуша

музей

музей

школа

школа

горад - город

універсітэт

университет

банк

банк

шпіталь

больница

гатэль

гостиница

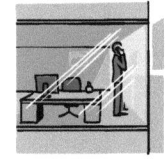

аптэка

аптека

офіс

офис

кнігарня

книжный магазин

крама

магазин

кветкавая крама

цветочный магазин

супермаркет

супермаркет

кірмаш

рынок

універмаг

универмаг

рыбная крама

торговец рыбой

гандлевы цэнтр

торговый центр

порт

порт

парк

парк

лава

скамейка

мост

мост

лесвіца

лестница

метро

метро

тунэль

тоннель

прыпынак

автобусная остановка

бар

бар

рэстаран

ресторан

паштовая скрыня

почтовый ящик

вулічны паказальнік

табличка с названием
улицы

паркамат

паркометр

заапарк

зоопарк

басейн

бассейн

мячэць

мечеть

сядзіба
ферма

забруджванне
навакольнага асяроддзя

загрязнение окружающей среды

могілкі
кладбище

царква
церковь

пляцоўка для гульні
детская площадка

храм
храм

краявід
ландшафт

ліст
лист

паказальнік
дорожный указатель

дарога
дорога

луг
луг

камень
камень

падарожнік
путешественник

дрэва
дерево

рака
река

трава
трава

кветка
цветок

даліна
долина

гара
гора

возера
озеро

лес
лес

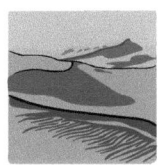

пустыня
пустыня

вулкан
вулкан

замак
замок

вясёлка
радуга

грыб
гриб

пальма
пальма

камар
комар

муха
муха

мурашка
муравей

пчала
пчела

павук
паук

краявід - ландшафт

жук

жук

жаба

лягушка

вавёрка

белка

вожык

еж

заяц

заяц

сава

сова

птушка

птица

лебедзь

лебедь

дзік

кабан

алень

олень

лось

лось

плаціна

плотина

вятрак

ветряной генератор

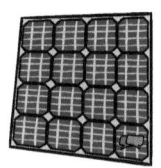

сонечная батарэя

солнечная батарея

клімат

климат

рэстаран

ресторан

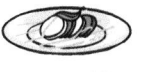

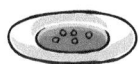

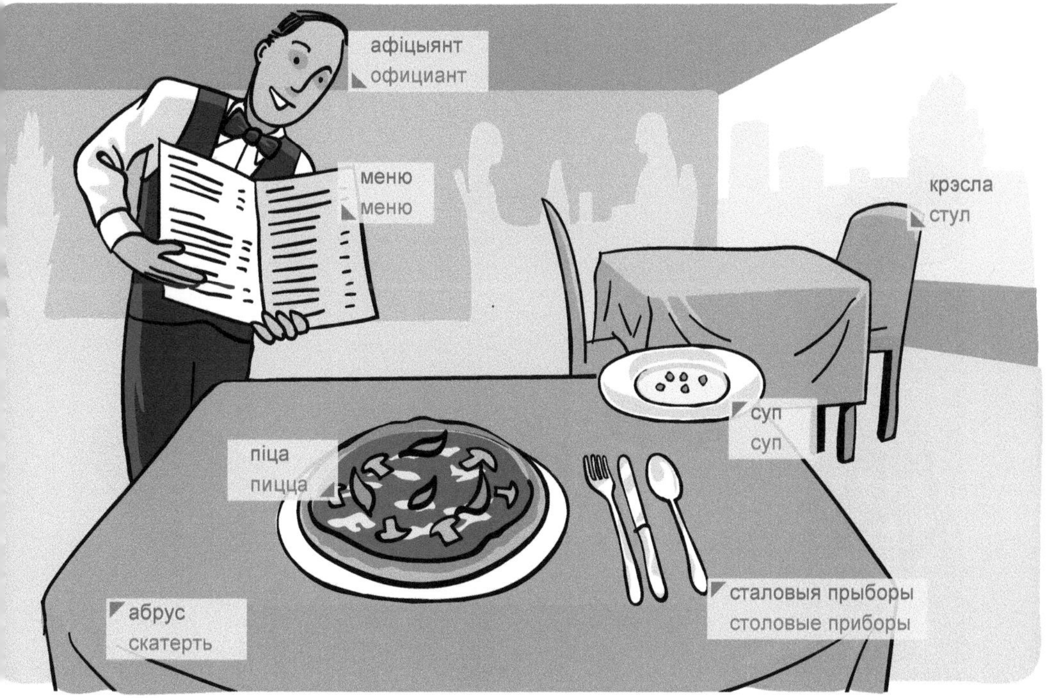

афіцыянт
официант
меню
меню
крэсла
стул
суп
суп
піца
пицца
сталовыя прыборы
столовые приборы
абрус
скатерть

закуска

закуска

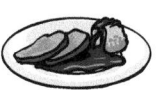

другая страва

главное блюдо

дэсерт

десерт

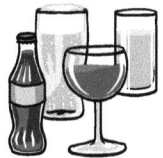

напоі

напитки

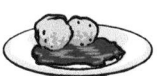

ежа

еда

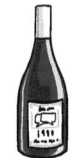

бутэлька

бутылка

хуткае харчаванне (фаст-фуд)

фастфуд

стрыт-фуд

уличная еда

імбрык (чайнік)

чайник

цукарніца

сахарница

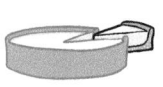

порцыя

порция

эспрэса-машына

кофеварка

дзіцячае крэселка

детский стульчик

рахунак

счет

паднос

поднос

нож

нож

відэлец

вилка

лыжка

ложка

чайная лыжка

чайная ложка

сурвэтка

салфетка

шклянка

стакан

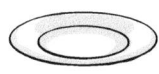

талерка

тарелка

супавая талерка

суповая тарелка

сподак

блюдце

соус

соус

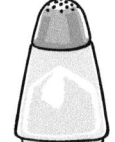

сальніца

солонка

млынок для перцу

мельница для перца

воцат

уксус

алей

масло

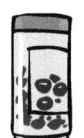

спецыі

специи

кетчуп

кетчуп

гарчыца

горчица

маянэз

майонез

супермаркет

супермаркет

акцыя
спецыяльное предложение
FOR
пакупнік
покупатель
малочныя прадукты
молочные продукты
садавіна
фрукты
вазок
тележка для покупок

BUTCHERS

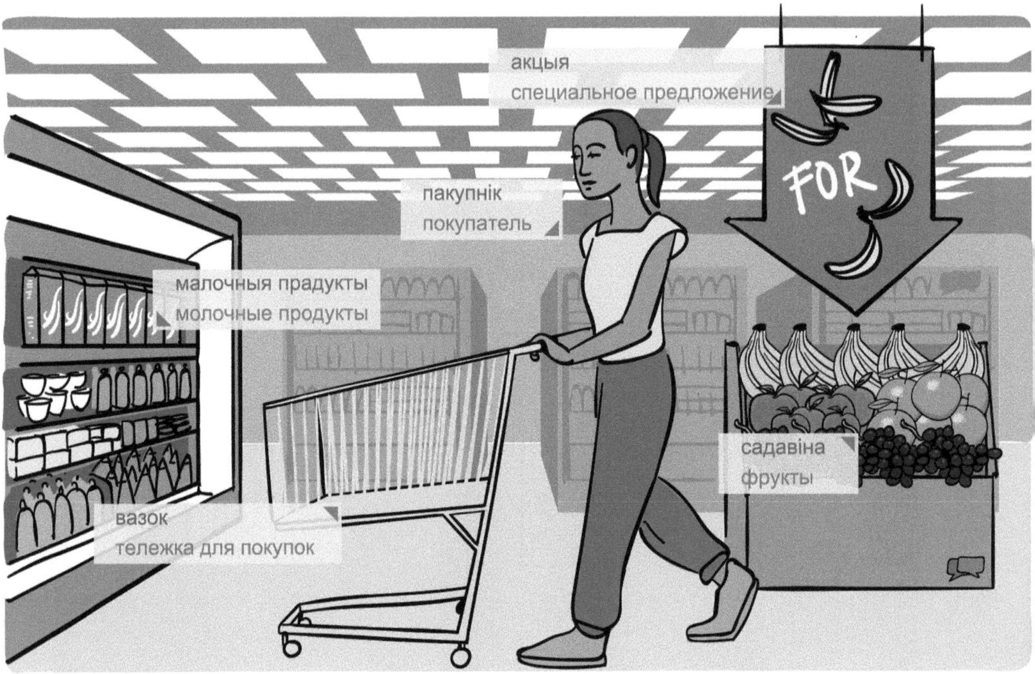

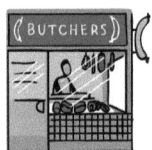

мясная крама

мясной магазин

BAKERY

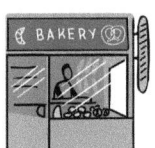

хлебны магазін

пекарня

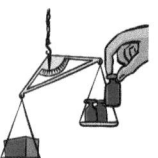

важыць

взвешивать

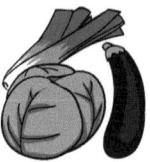

гародніна

овощи

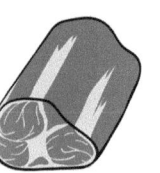

мяса

мясо

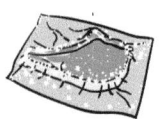

свежазамарожаныя прадукты

быстрозамороженные продукты

нарэзка

нарезка

кансервы

консервы

пральны парашок

стиральный порошок

прысмакі

сладости

хатнія прылады

предмет домашнего обихода

чысцячы сродак

моющее средство

прадавец

продавщица

каса

касса

касір

кассир

спіс пакупак

список покупок

гадзіны працы

время работы

бумажнік

бумажник

крэдытная картка

кредитная карточка

сумка

сумка

пакет

полиэтиленовый пакет

вада

вода

сок

сок

малако

молоко

кола

кока-кола

віно

вино

піва

пиво

алкаголь

алкоголь

какава

какао

гарбата (чай)

чай

кава

кофе

эспрэса

эспрессо

капучына

капучино

банан
банан

яблык
яблоко

апельсін
апельсин

дыня
арбуз

лімон
лимон

морква
морковь

часнок
чеснок

бамбук
бамбук

цыбуля
лук

грыб
гриб

арэхі
орехи

локшына
лапша

спагеці

спагетти

рыс

рис

салата

салат

бульба фры

картофель фри

смажаная бульба

жареный картофель

піца

пицца

гамбургер

гамбургер

бутэрброд

сэндвич

шніцаль

шницель

вяндліна

ветчина

салямі

салями

каўбаса

колбаса

курыца

курица

смажаніна

жаркое

рыбак

рыба

аўсяныя камякі

овсяные хлопья

мюслі

мюсли

кукурузныя шматкі

кукурузные хлопья

мука

мука

круасан

круассан

булачка

булочка

хлеб

хлеб

тост

тост

пячэнне

печенье

масла

масло

тварог

творог

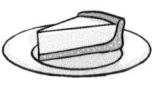

пірог

пирог

яйка

яйцо

яечня

яичница

сыр

сыр

марожанае

мороженое

цукар

сахар

мёд

мёд

варэнне

мармелад

нуга

крем с нугой

кары

карри

ежа - еда

сядзіба

ферма

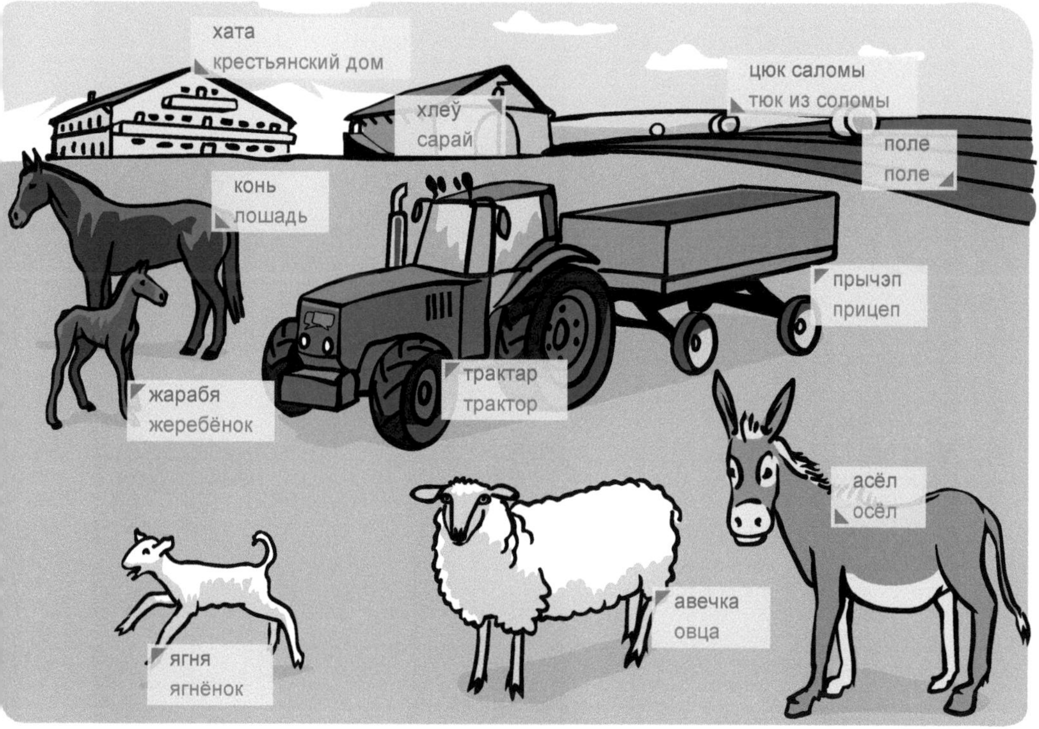
хата
крестьянский дом
хлеў
сарай
цюк саломы
тюк из соломы
поле
поле
конь
лошадь
прычэп
прицеп
трактар
трактор
жарабя
жеребёнок
асёл
осёл
авечка
овца
ягня
ягнёнок

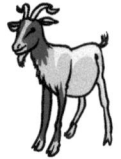

каза

коза

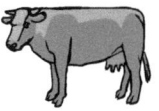

карова

корова

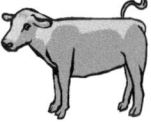

цяля

телёнок

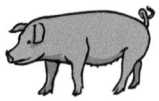

свіння

свинья

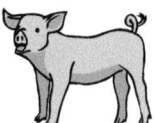

парася

поросёнок

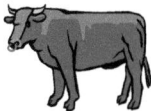

бык

бык

гусак

гусь

качка

утка

кураня

цыплёнок

курыца

курица

певень

петух

пацук

крыса

кот

кошка

мыш

мышь

вол

вол

сабака

собака

сабачая будка

конура

садовы шланг

садовый шланг

палівачка

лейка

каса

коса

плуг

плуг

сядзіба - ферма

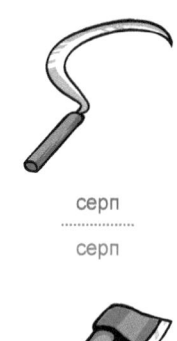

серп
серп

матыка
мотыга

вілы для гною
навозные вилы

сякера
топор

тачка
тачка

карыта
корыто

бітон для малака
бидон для молока

мех
мешок

плот
забор

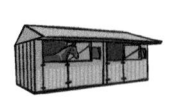

хлеў
хлев

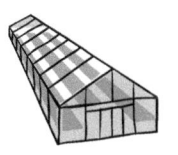

цяпліца
теплица

глеба
почва

насенне
посев

угнаенне
удобрение

камбайн
комбайн

збіраць ураджай

собирать урожай

ураджай

урожай

ямс

ямс

пшаніца

пшеница

соя

соя

бульба

картофель

кукуруза

кукуруза

рапс

рапс

садовае дрэва

фруктовое дерево

маніёк

маниок

збожжа

злаки

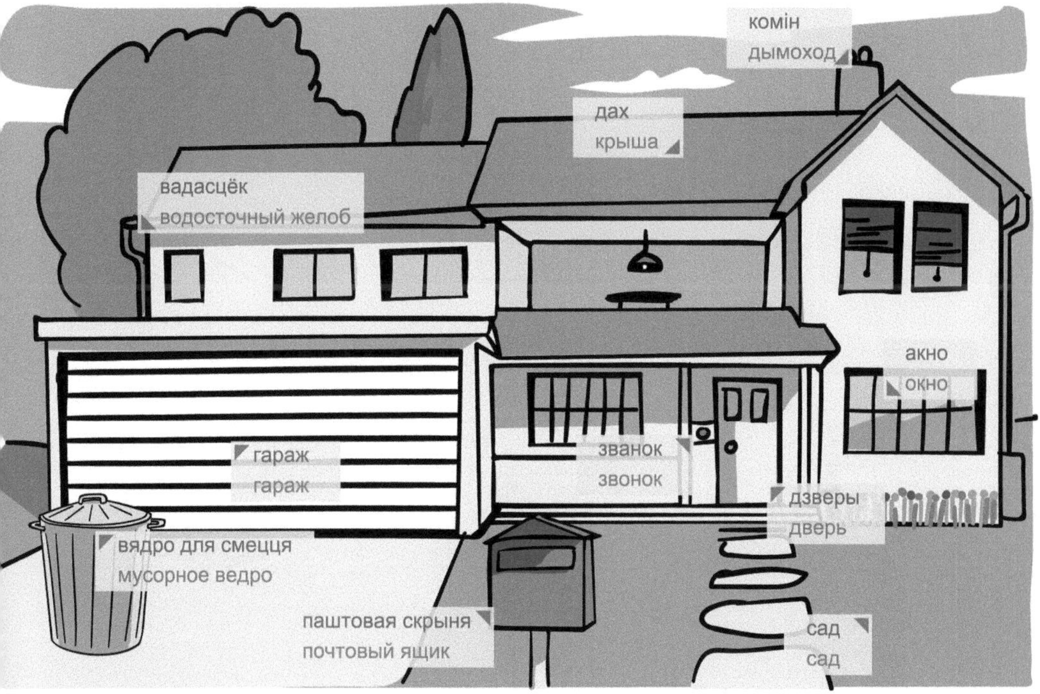

комін
дымоход

дах
крыша

вадасцёк
водосточный желоб

акно
окно

гараж
гараж

званок
звонок

дзверы
дверь

вядро для смецця
мусорное ведро

паштовая скрыня
почтовый ящик

сад
сад

жылы пакой

гостиная

ванная

ванная комната

кухня

кухня

спальны пакой

спальня

дзіцячы пакой

детская комната

сталоўка

столовая

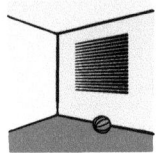

падлога

пол

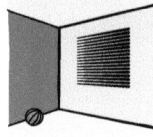

сцяна

стена

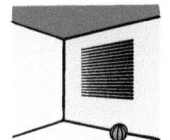

столь

потолок

падвал

подвал

саўна

сауна

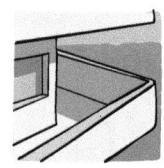

балкон

балкон

тэраса

терраса

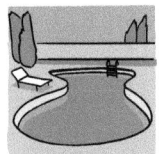

басейн

бассейн

касілка

газонокосилка

падкоўдранік

пододеяльник

коўдра

покрывало

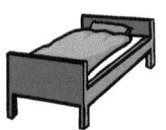

ложак

кровать

венік

метла

вядро

ведро

выключальнік

выключатель

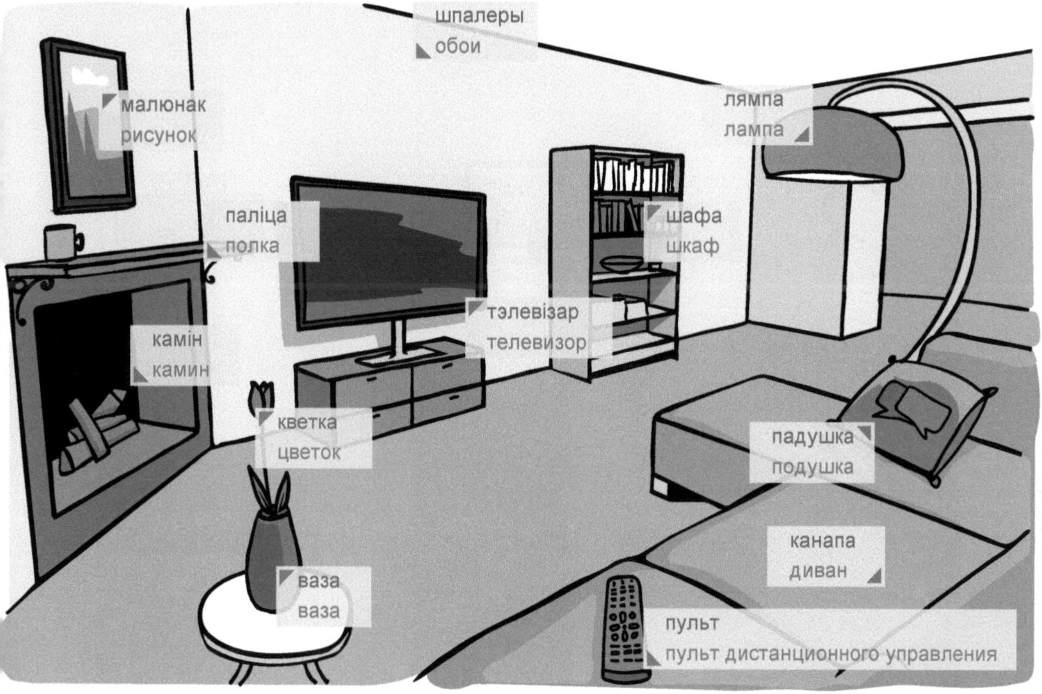

шпалеры
обои

малюнак
рисунок

лямпа
лампа

паліца
полка

шафа
шкаф

тэлевізар
телевизор

камін
камин

кветка
цветок

падушка
подушка

ваза
ваза

канапа
диван

пульт
пульт дистанционного управления

дыван
....
ковёр

фіранка
....
штора

стол
....
стол

крэсла
....
стул

крэсла-качалка
....
кресло-качалка

крэсла
....
кресло

кніга

книга

коўдра

покрывало

дэкарацыя

украшение

дровы

дрова

кіно

фильм

стэрэасістэма

стереосистема

ключ

ключ

газета

газета

карціна

картина

постар

плакат

радыё

радио

нататнік

блокнот

пыласос

пылесос

кактус

кактус

свечка

свеча

кухня

кухня

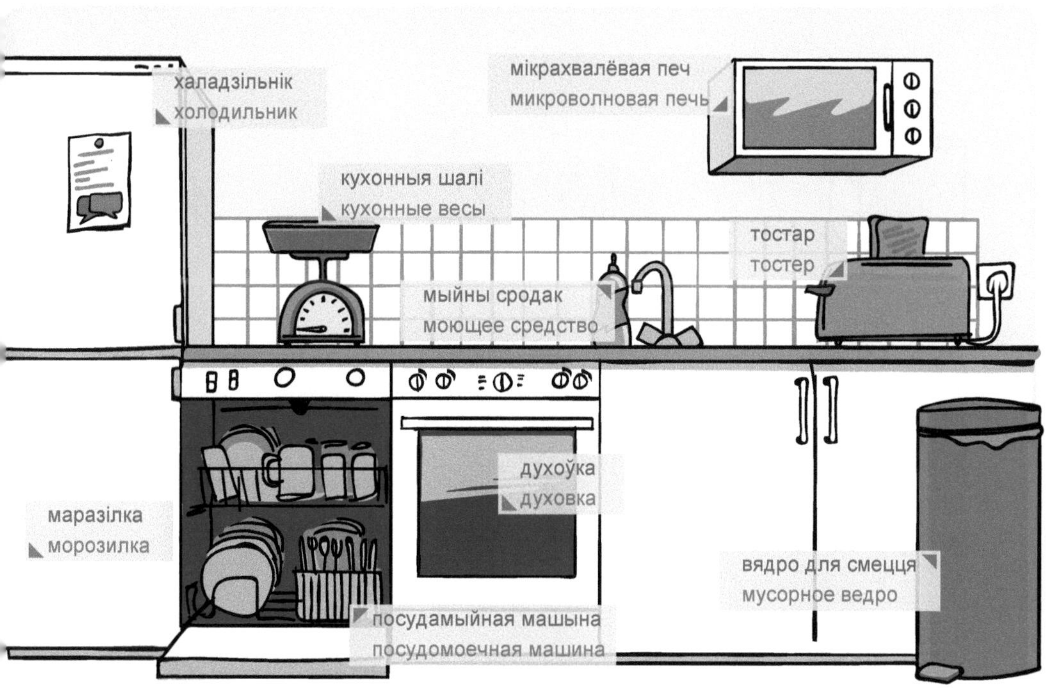
халадзільнік
холодильник
мікрахвалёвая печ
микроволновая печь
кухонныя шалі
кухонные весы
тостар
тостер
мыйны сродак
моющее средство
духоўка
духовка
маразілка
морозилка
вядро для смецця
мусорное ведро
посудамыйная машына
посудомоечная машина

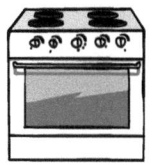

пліта

плита

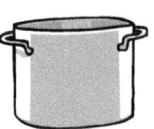

рондаль

кастрюля

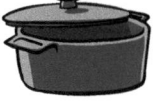

чыгунок

чугунный котелок

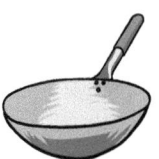

Вок / кадаі

вок / кадай

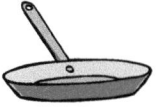

патэльня

сковорода

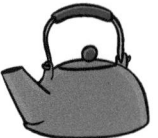

чайнік

чайник

параварка
пароварка

бляха
противень

посуд
посуда

кубак
кружка

міска
миска

палачкі для ежы
палочки для еды

чарпак
половник

лапатачка
лопатка

збівалка
сбивалка

сіта для варэння
сито

сіта
сито

тарка
тёрка

ступка
ступка

грыль
гриль

вогнішча
костёр

дошка

доска

качалка

скалка

штопар

штопор

бляшанка

жестяная банка

адкрывалка

консервный нож

прыхваткі

прихватка

ракавіна

раковина

шчотка

щетка

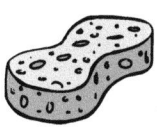

губка

губка

міксер

миксер

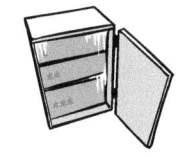

маразільная камера

морозильная камера

бутэлечка

бутылочка для кормления

вадаправодны кран

кран

ванная

ванная комната

ручніковы сушыцель
отопление
ручнік
полотенце
душ
душ
штора для душа
душевая занавеска
пенная ванна
пенистая ванна
ванна
ванна
шклянка
стакан
мыйная машына
стиральная машина
вадаправодны кран
кран
плітка
плитка
начны гаршчок
горшок
ракавіна
раковина

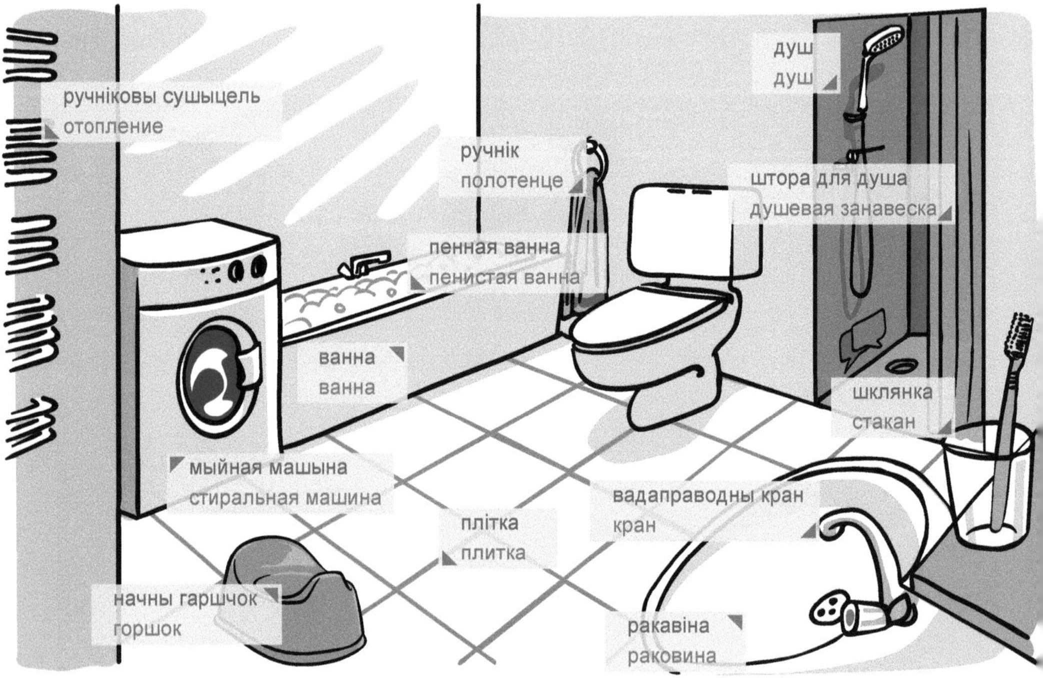

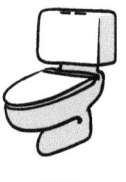

туалет

туалет

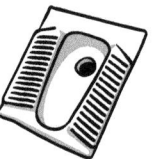

падлогавы ўнітаз

напольный унитаз

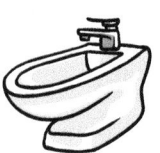

бідэ

биде

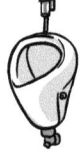

пісуар

писсуар

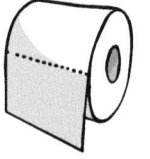

туалетная папера

туалетная бумага

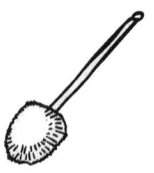

шчотка для чысткі ўнітаза

ершик

зубная шчотка

зубная щетка

зубная паста

зубная паста

зубная нітка

зубная нить

мыць

мыть

ручны душ

ручной душ

інтымны душ

интимный душ

умывальнік

таз

шчотка для спіны

щетка для спины

мыла

мыло

гель для душа

гель для душа

шампунь

шампунь

вяхотка

мочалка

вадасцёк

сток

крэм

крем

дэзадарант

дезодорант

люстэрка

зеркало

касметычнае люстэрка

ручное зеркало

станок для галення

бритва

пена для галення

пена для бритья

ласьён пасля галення

лосьон после бритья

грэбень

расческа

шчотка

щетка

фен

фен

лак для валасоў

лак для волос

касметыка

косметика

памада

губная помада

лак для пазногцяў

лак для ногтей

вата

вата

манікюрныя нажніцы

маникюрные ножницы

духі

духи

касметычка

косметичка

табурэтка

табуретка

вагі

весы

лазневы халат

халат

санітарныя пальчаткі

резиновые перчатки

тампон

тампон

гігіенічныя пракладкі

гигиеническая прокладка

біятуалет

биотуалет

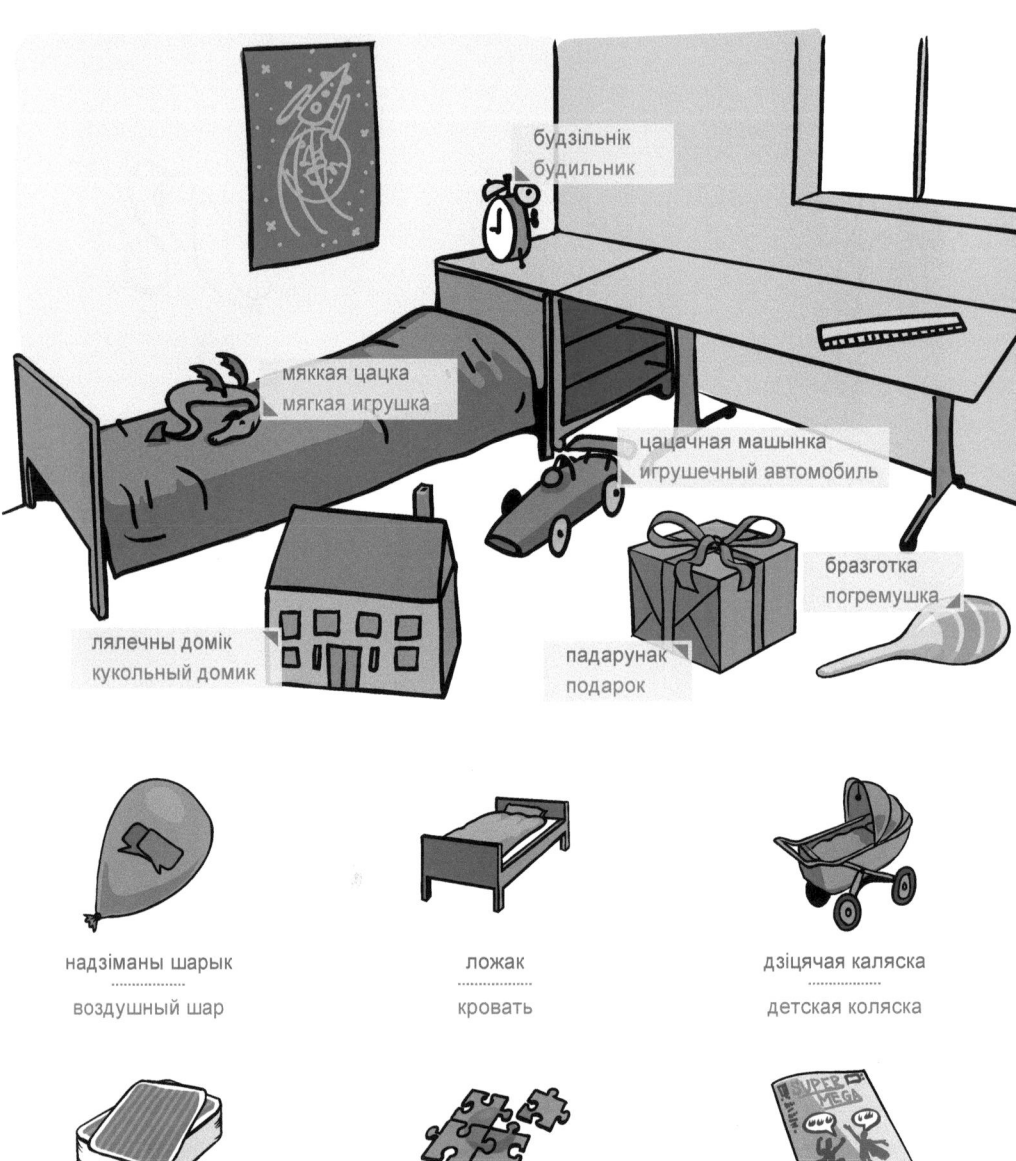

будзільнік
будильник

мяккая цацка
мягкая игрушка

цацачная машынка
игрушечный автомобиль

бразготка
погремушка

лялечны домік
кукольный домик

падарунак
подарок

надзіманы шарык
воздушный шар

ложак
кровать

дзіцячая каляска
детская коляска

калода картаў
карточная игра

пазл
пазл

комікс
комикс

канструктар "Лега"

кирпичики Лего

канструктар

кубики

экшэн-фігурка

игрушечная фигурка

дзіцячы гарнітур

ползунки

фрызбі

фрисби

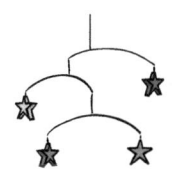

дзіцячы мабіль

мобиле

настольная гульня

настольная игра

кубік

кубик

дзіцячая чыгунка

модель железной дороги

пустышка

соска

дзіцячае свята

вечеринка

кніга з малюнкамі

книга с картинками

мячык

мяч

лялька

кукла

гуляцца

играть

пясочніца

песочница

арэлі

качели

цацкі

игрушка

гульнявая відэа прыстаўка

игровая приставка

трохколавы ровар

трёхколесный велосипед

плюшавы мішка

плюшевый медвежонок

шафа

шкаф для одежды

адзенне

одежда

шкарпэткі

носки

панчохі

чулки

калготкі

колготки

шалік
шарф

парасон
зонтик

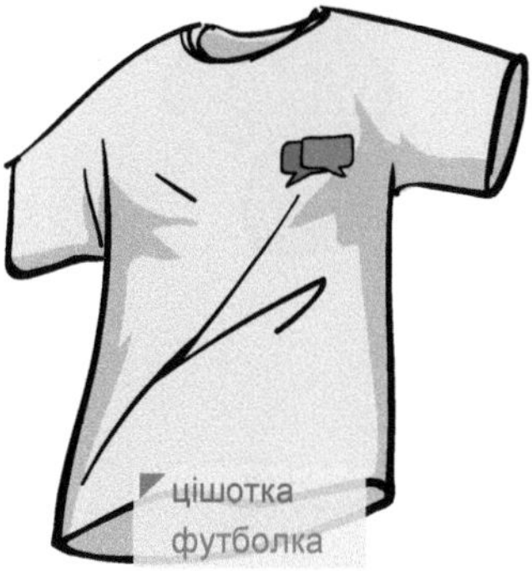

цішотка
футболка

рамень
ремень

боты
сапоги

пантоплі
тапки

красоўкі
кроссовки

сандалі
....
сандалии

абутак
....
ботинки

гумовыя боты
....
резиновые сапоги

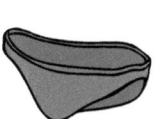

трусы
....
трусы

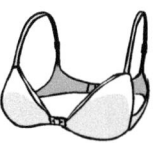

бюстгальтар
....
бюстгальтер

майка
....
майка

бодзі

боди

штаны

брюки

джынсы

джинсы

спадніца

юбка

блузка

блузка

кашуля

рубашка

джэмпер

свитер

талстоўка

свитер

блэйзер

спортивная куртка

куртка

жакет

паліто

пальто

дажджавік

плащ

касцюм

костюм

сукенка

платье

вясельная сукенка

свадебное платье

касцюм

мужской костюм

начная сарочка

ночная сорочка

піжама

пижама

сары

сари

хустка

платок

цюрбан

тюрбан

паранджа

паранджа

каптан

кафтан

Абая

абайя

купальнік

купальник

плаўкі

плавки

шорты

шорты

спартыўны касцюм

спортивный костюм

фартух

фартук

пальчаткі

перчатки

гузік

пуговица

акуляры

очки

бранзалет

браслет

каралі

цепочка

кальцо

кольцо

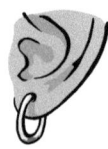

завушніца

серьга

кепка

шапка

вешалка

вешалка

капялюш

шляпа

гальштук

галстук

маланка

застежка молния

шлем

шлем

падцяжкі

подтяжки

школьная форма

школьная форма

уніформа

форма

адзенне - одежда

нагруднік

детский нагрудник

пустышка

соска

падгузнік

подгузник

сервер
сервер

канцылярская шафа
канцелярский шкаф

прынтэр
принтер

папера
бумага

маніторы
монитор

пісьмовы стол
письменный стол

мыш
мышь

тэчка
папка

клавіятура
клавиатура

смеццевы кошык
корзина для бумаг

кампутар
компьютер

крэсла
стул

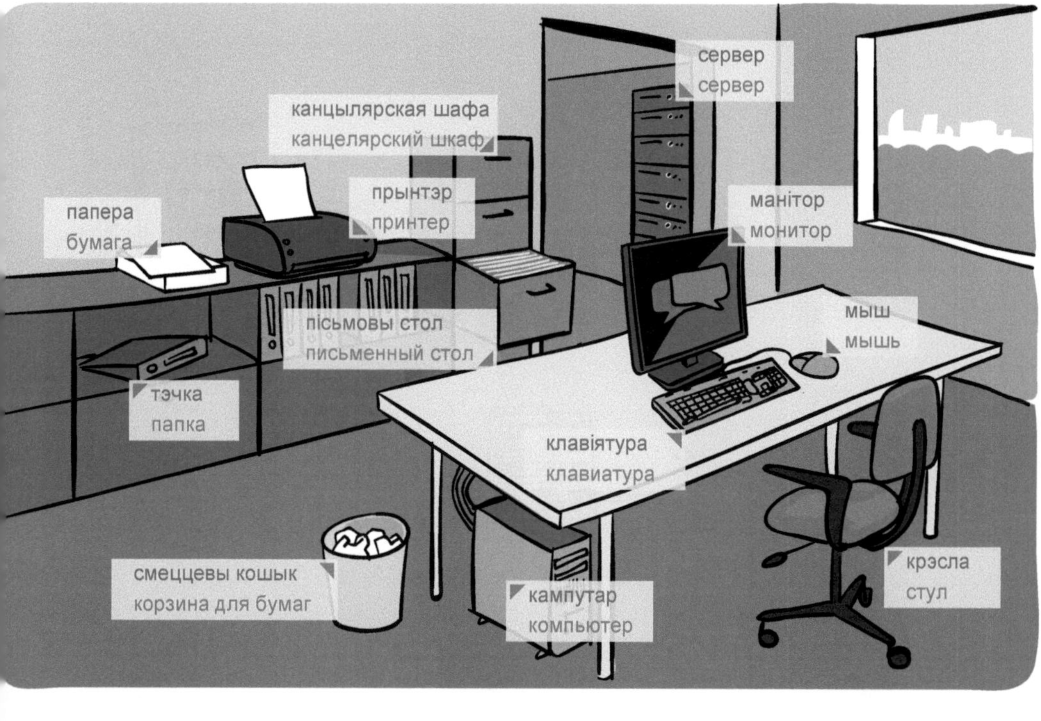

кубак для кавы (філіжанка)

кофейная кружка

калькулятар

калькулятор

інтэрнэт

интернет

ноўтбук

ноутбук

ліст

письмо

паведамленне

сообщение

мабільны тэлефон

мобильный телефон

сетка

сеть

ксеракс

ксерокс

праграмнае забеспячэнне

программа

тэлефон

телефон

разетка

розетка

факс

факс

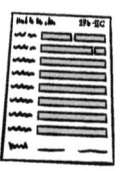

фармуляр

формуляр

дакумент

документ

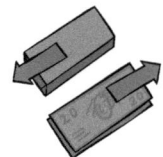

купляць

покупать

плаціць

платить

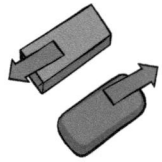

гандляваць

торговать

грошы

деньги

долар

доллар

еўра

евро

ена

иена

рубель

рубль

франк

франк

кітайскі юань

жэньминьби юань

рупія

рупия

банкамат

банкомат

абменны пункт

пункт обмена валюты

золата

золото

срэбра

серебро

нафта

нефть

энергія

энергия

цана

цена

кантракт

договор

падатак

налог

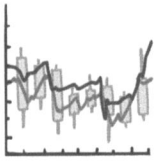

акцыя

акция

працаваць

работать

служачы

служащий

працадаўца

работодатель

фабрыка

фабрика

крама

магазин

паліцыянт
милиционер

пажарны
пожарный

кухар
повар

доктар
врач

пілот
пилот

садоўнік
садовник

слесар
столяр

швачка
швея

суддзя
судья

хімік
химик

артыст
актёр

кіроўца аўтобуса

водитель автобуса

таксіст

таксист

рыбак

рыбак

прыбіральшчыца

уборщица

страхар

кровельщик

афіцыянт

официант

паляўнічы

охотник

мастак

художник

пекар

пекарь

электрык

электрик

будаўнік

строитель

інжынер

инженер

мяснік

мясник

сантэхнік

сантехник

пашталён

почтальон

салдат

солдат

архітэктар

архитектор

касір

кассир

фларыст

флорист

цырульнік

парикмахер

кандуктар

кондуктор

механік

механик

капітан

капитан

стаматолаг

зубной врач

вучоны

ученый

рабін

раввин

імам

имам

манах

монах

святар

священник

інструменты

инструменты

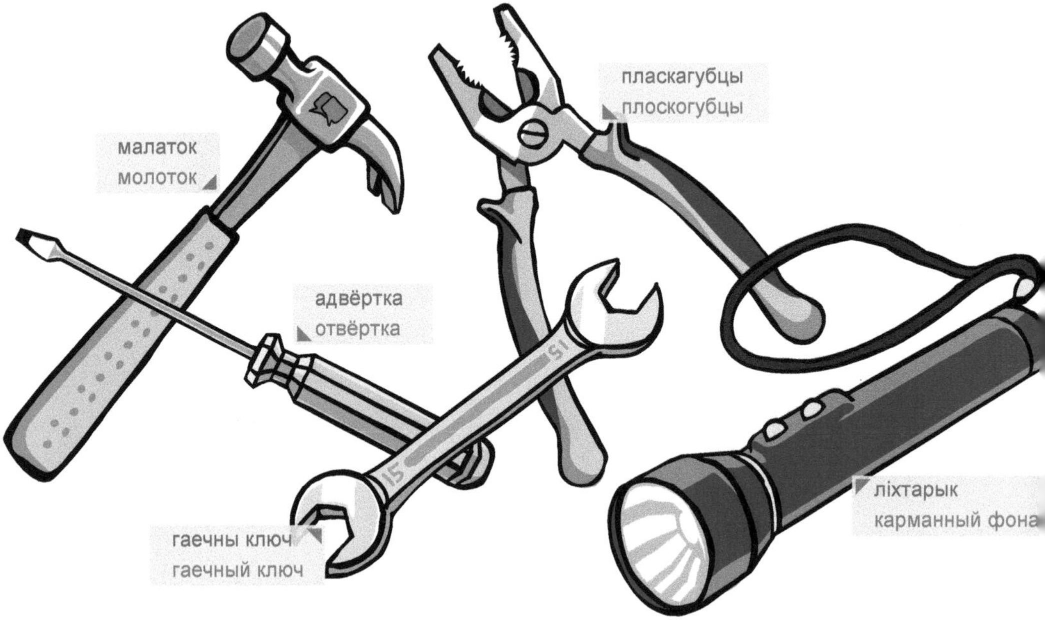
малаток
молоток
пласкагубцы
плоскогубцы
адвёртка
отвёртка
ліхтарык
карманный фона
гаечны ключ
гаечный ключ

экскаватар

экскаватор

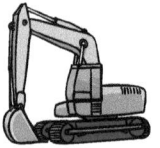

скрыня для інструментаў

ящик для инструментов

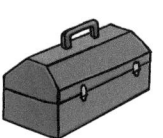

дравіны

стремянка

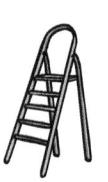

піла

пила

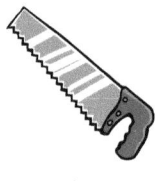

цвікі

гвозди

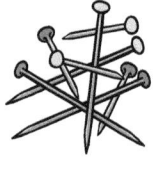

дрыль

дрель

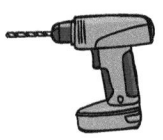

рамантаваць

ремонтировать

рыдлёўка

лопата

Халера!

Блин!

шуфлік для смецця

совок

вядро з фарбаю

ведро с краской

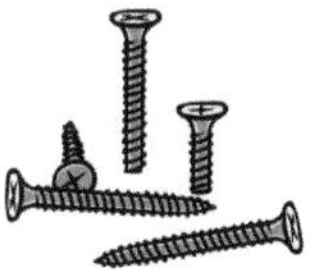

балты

винты

музычныя інструменты
музыкальные инструменты

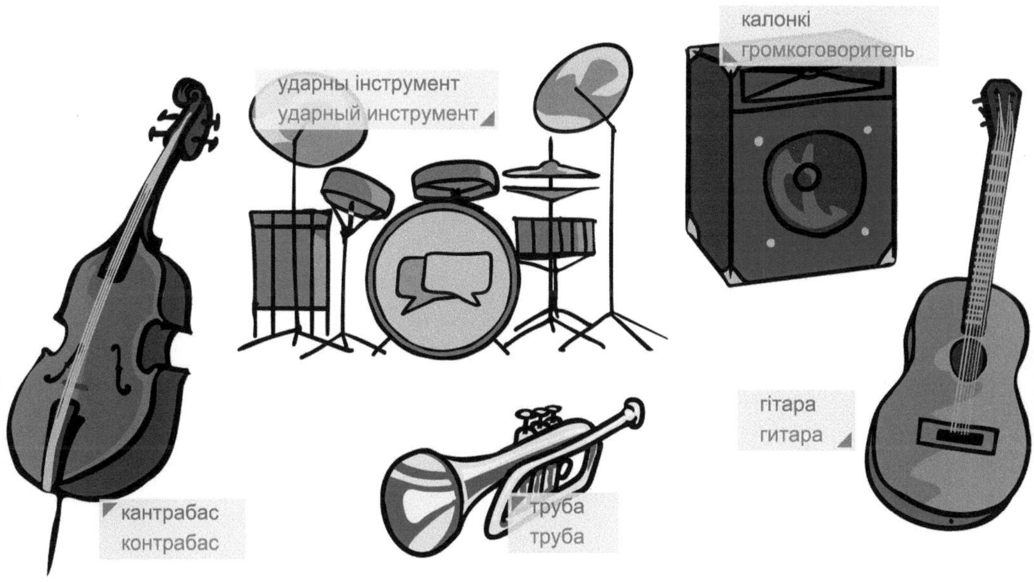

калонкі
громкоговоритель

ударны інструмент
ударный инструмент

гітара
гитара

кантрабас
контрабас

труба
труба

піяніна

пианино

скрыпка

скрипка

басгітара

бас-гитара

літаўры

литавры

барабан

барабан

клавішны электрамузычны інструмент

синтезатор

саксафон

саксофон

флейта

флейта

мікрафон

микрофон

музычныя інструменты - музыкальные инструменты

заапарк
зоопарк

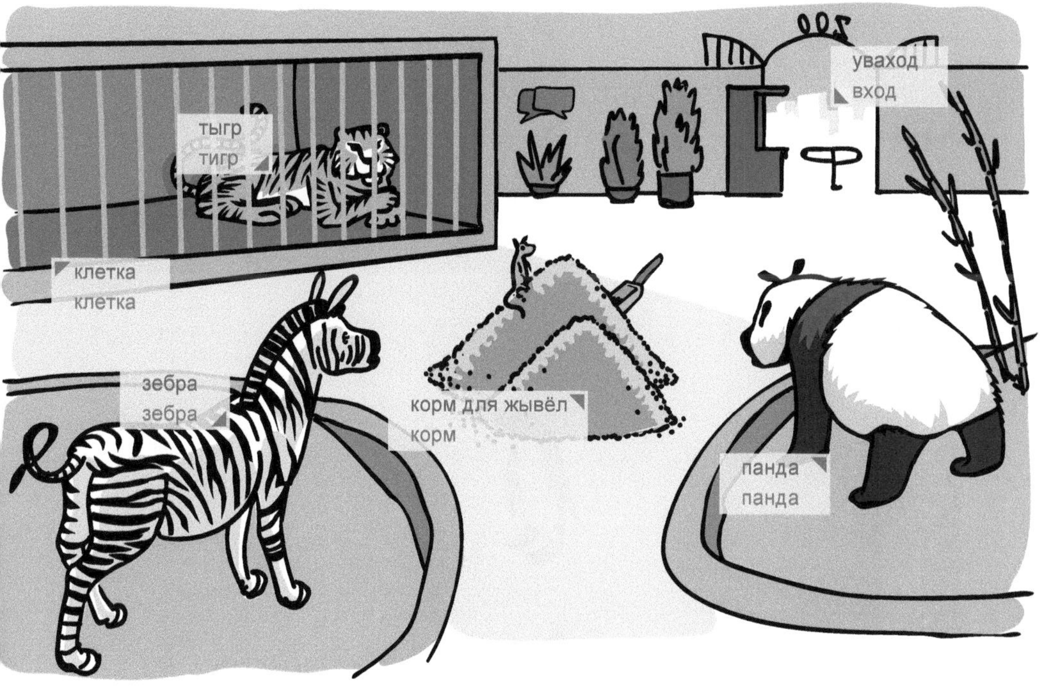

тыгр
тигр

уваход
вход

клетка
клетка

зебра
зебра

корм для жывёл
корм

панда
панда

жывёлы
животные

слон
слон

кенгуру
кенгуру

насарог
носорог

гарыла
горилла

мядзведзь
медведь

вярблюд

верблюд

стравус

страус

леў

лев

малпа

обезьяна

фламінга

фламинго

папугай

попугай

белы мядзведзь

белый медведь

пінгвін

пингвин

акула

акула

паўлін

павлин

змяя

змея

кракадзіл

крокодил

наглядчык заапарка

служитель зоопарка

цюлень

тюлень

ягуар

ягуар

заапарк - зоопарк

поні

пони

леапард

леопард

бегемот

бегемот

жыраф

жираф

арол

орёл

дзік

кабан

рыбак

рыба

чарапаха

черепаха

морж

морж

ліса

лиса

газель

газель

амерыканскі футбол
американский футбол

веласпорт
езда на велосипеде

тэніс
теннис

баскетбол
баскетбол

плаванне
плавание

хакей з шайбай
хоккей

бокс
бокс

футбол
футбол

бадмінтон
бадминтон

лёгкая атлетыка
лёгкая атлетика

гандбол
гандбол

горныя лыжы
лыжный спорт

пола
поло

дзейнасць
действия

смяяцца
смеяться
скакаць
прыгаць
абдымаць
обнимать
ісці
идти
спяваць
петь
марыць
мечтать
маліцца
молиться
цалаваць
целовать

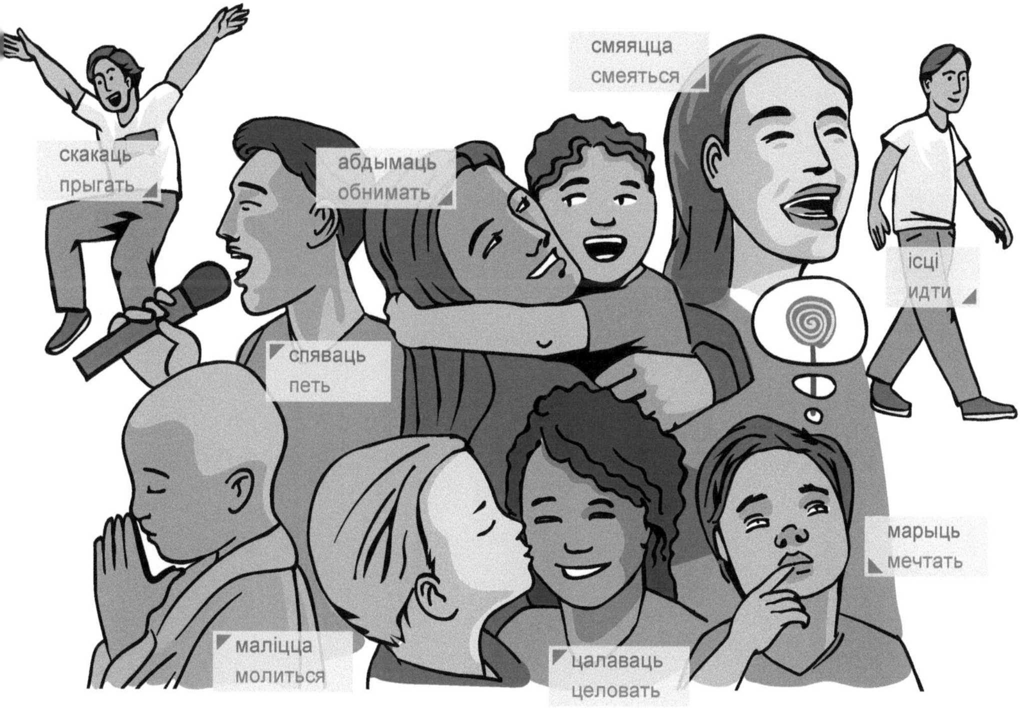

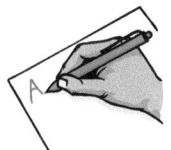

пісаць

писать

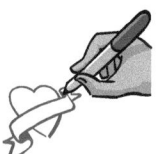

маляваць

рисовать

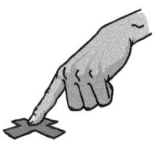

паказваць

показывать

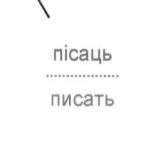

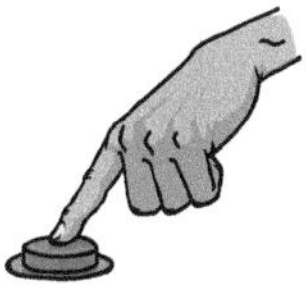

націснуць

нажимать

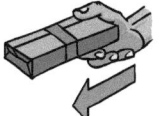

даваць

давать

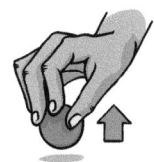

браць

брать

маць

иметь

выконваць

делать

быць

быть

стаяць

стоять

бегчы

бежать

цягнуць

тянуть

кідаць

бросать

падаць

падать

ляжаць

лежать

чакаць

ждать

насіць

носить

сядзець

сидеть

апранацца

надевать

спаць

спать

прачынацца

просыпаться

глядзець

рассматривать

плакаць

плакать

лашчыць

гладить

прычэсвацца

причесывать

гаварыць

говорить

разумець

понимать

пытаць

спрашивать

чуць

слушать

піць

пить

есці

кушать

прыбіраць

наводить порядок

кахаць

любить

гатаваць

готовить

ехаць

ехать

лятаць

летать

плаваць пад ветразем

ходить под парусом

лічыць

считать

чытаць

читать

вучыць

учиться

працаваць

работать

уступаць у шлюб

вступать в брак

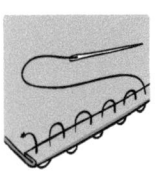

шыць

шить

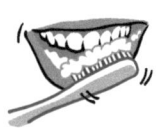

чысціць зубы

чистить зубы

забіваць

убивать

курыць

курить

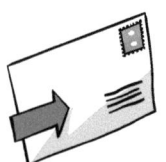

пасылаць

отправлять

бабуля
бабушка

дзядуля
дедушка

бацька
папа

маці
мама

дзіця
младенец

дачка
дочь

сын
сын

госць

гость

цётка

тетя

дзядзька

дядя

брат

брат

сястра

сестра

цела

тело

лоб
лоб
вока
глаз
плячо
плечо
палец
палец
твар
лицо
падбародак
подбородок
рука
кисть
нага
нога
грудзі
грудь
рука
рука

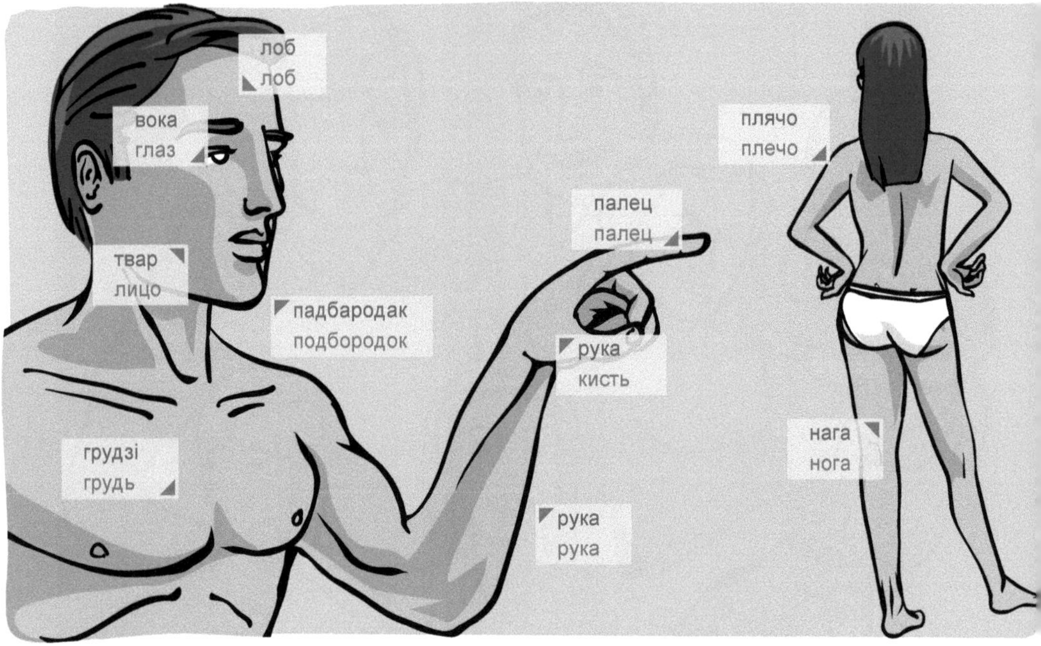

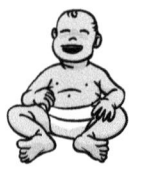

дзіця

младенец

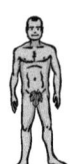

мужчына

мужчина

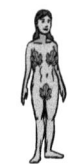

жанчына

женщина

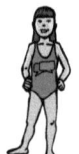

дзяўчынка

девочка

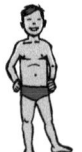

хлопчык

мальчик

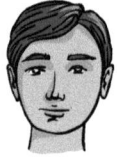

галава

голова

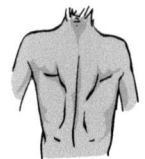

спіна

спина

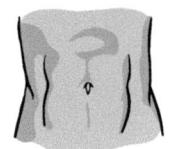

жывот

живот

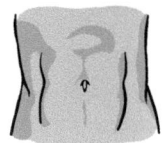

пуп

пупок

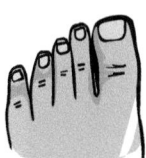

палец нагі

палец ноги

пятка

пятка

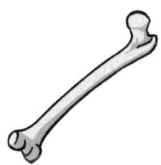

костка

кость

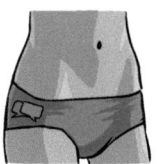

бядро

бедро

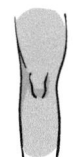

калена

колено

локаць

локоть

нос

нос

ягадзіца

ягодицы

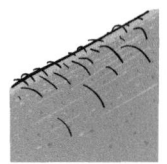

скура

кожа

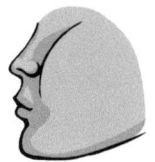

шчака

щека

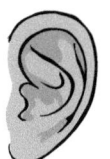

вуха

ухо

губа

губа

цела - тело

рот
рот

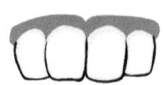

зуб
зуб

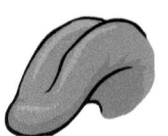

язык
язык

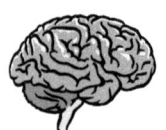

галаўны мозг
мозг

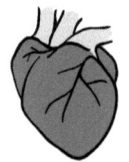

сэрца
сердце

мышца
мышца

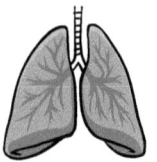

лёгкае
лёгкое

пячонка
печень

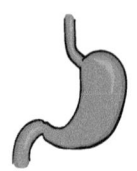

страўнік
желудок

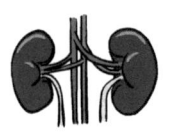

ныркі
почки

сэкс
половой акт

прэзерватыў
презерватив

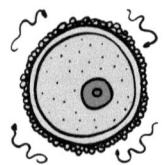

яйцаклетка
яйцеклетка

сперма
сперма

цяжарнасць
беременность

цела - тело

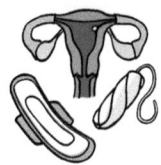

менструацыя

менструация

похва

вагина

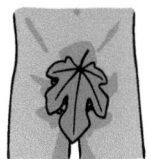

пеніс

пенис

брыво

бровь

валасы

волосы

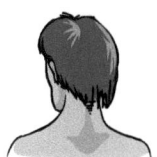

шыя

шея

цела - тело

шпіталь
больница

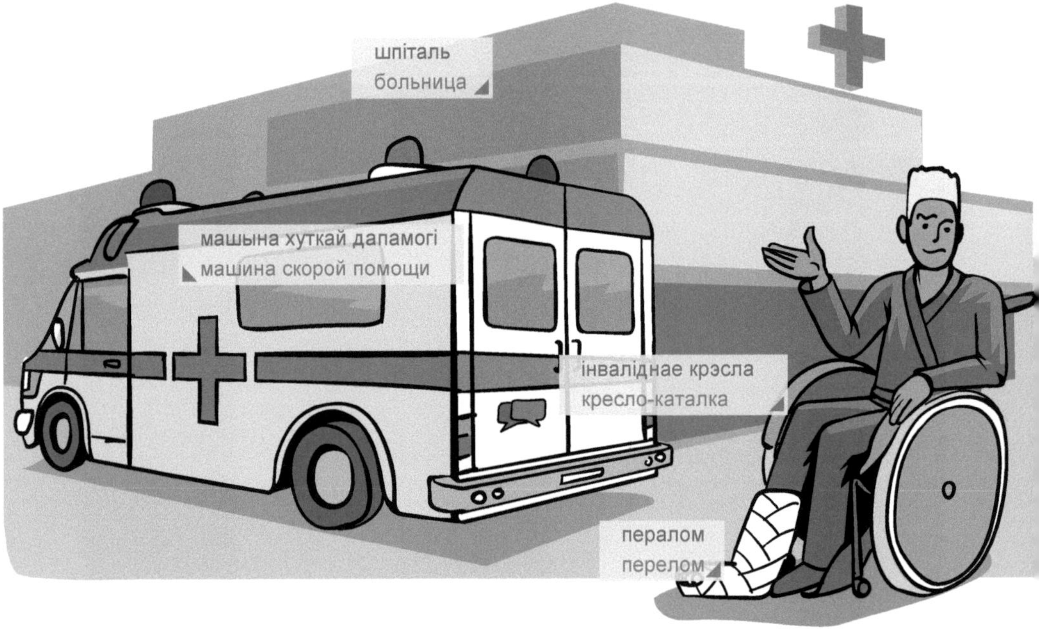

машына хуткай дапамогі
машина скорой помощи

інваліднае крэсла
кресло-каталка

пералом
перелом

доктар

врач

аддзяленне першай дапамогі

пункт первой помощи

медсястра

медсестра

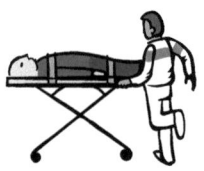

экстраная дапамога

неотложный случай

непрытомны

без сознания

боль

боль

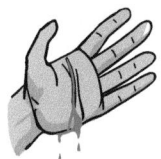

траўма

повреждение

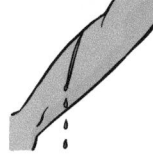

крывацёк

кровотечение

інфаркт

инфаркт

апаплексія

инсульт

алергія

аллергия

кашаль

кашель

гарачка

повышенная температура

грып

грипп

панос

понос

галаўны боль

головная боль

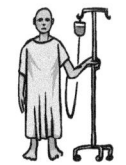

рак

рак

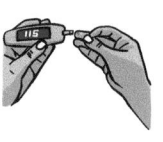

дыябет

диабет

хірург

хирург

скальпель

скальпель

аперацыя

операция

КТ
КТ

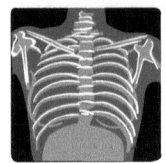

рэнтген
рентген

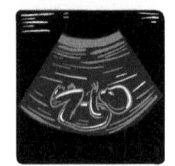

ультрагук
ультразвук

маска
маска

хвароба
болезнь

пачакальня
приёмная

мыліца
костыль

пластыр
пластырь

бінт
бинт

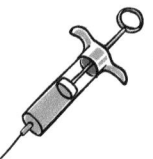

ін'екцыя
укол

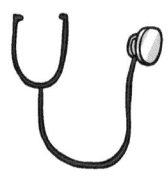

стэтаскоп
стетоскоп

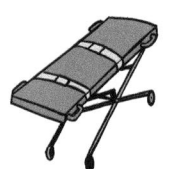

насілкі
носилки

градуснік
термометр

нараджэнне
рождение

лішняя вага
избыточный вес

шпіталь - больница

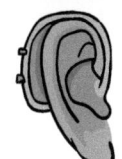

слухавы апарат

слуховой аппарат

дэзінфекцыйны сродак

дезинфекционное средство

інфекцыя

инфекция

вірус

вирус

ВІЧ/СНІД

ВИЧ / СПИД

лекі

лекарство

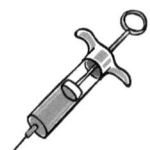

прышчэпка

прививка

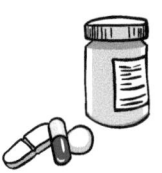

таблеткі

таблетки

супрацьзачаткавая таблетка

противозачаточная таблетка

экстраны выклік

экстренный вызов

танометр

прибор для измерения кровяного давления

хворы / здаровы

больной / здоровый

Ратуйце!

Помогите!

сігналізацыя

сигнал тревоги

напад

нападение

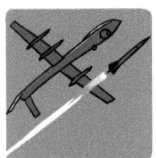

атака

атака

небяспека

опасность

аварыйны выхад

запасной выход

Пажар!

Пожар!

вогнетушыцель

огнетушитель

аварыя

несчастный случай

аптэчка

аптечка

СОС

SOS

паліцыя

милиция

Еўропа

Европа

Паўночная Амерыка

Северная Америка

Паўднёвая Амерыка

Южная Америка

Афрыка

Африка

Азія

Азия

Аўстралія

Австралия

Атлантычны акіян

Атлантический океан

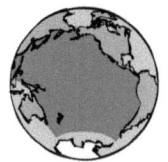

Ціхі акіян

Тихий океан

Індыйскі акіян

Индийский океан

Паўднёвы ледавіты акіян

Антарктический океан

Паўночны ледавіты акіян

Северный Ледовитый океан

Паўночны полюс

Северный полюс

Паўднёвы полюс

Южный полюс

Антарктыда

Антарктика

Зямля

земля

краіна

суша

мора

море

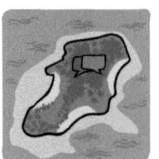

востраў

остров

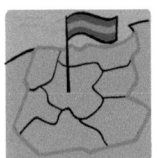

нацыя

нация

дзяржава

государство

цыферблат

циферблат

гадзінная стрэлка

часовая стрелка

хвілінная стрэлка

минутная стрелка

секундная стрэлка

секундная стрелка

Колькі часу?

Который час?

дзень

день

час

время

зараз

сейчас

электронны гадзіннік

электронные часы

хвіліна

минута

гадзіна

час

тыдзень
неделя

панядзелак
понедельник

серада
среда

пятніца
пятница

аўторак
вторник

субота
суббота

чацвер
четверг

нядзеля
воскресенье

ўчора

вчера

сёння

сегодня

заўтра

завтра

раніца

утро

абед

полдень

вечар

вечер

працоўныя дні

рабочие дни

выходныя

выходные

год

год

дождж
дождь
вясёлка
радуга
вецер
ветер
снег
снег
вясна
весна
лета
лето
восень
осень
зіма
зима

4.APRIL 11°
5.APRIL 4°
6.APRIL 13°
7.APRIL 8°
8.APRIL 10°

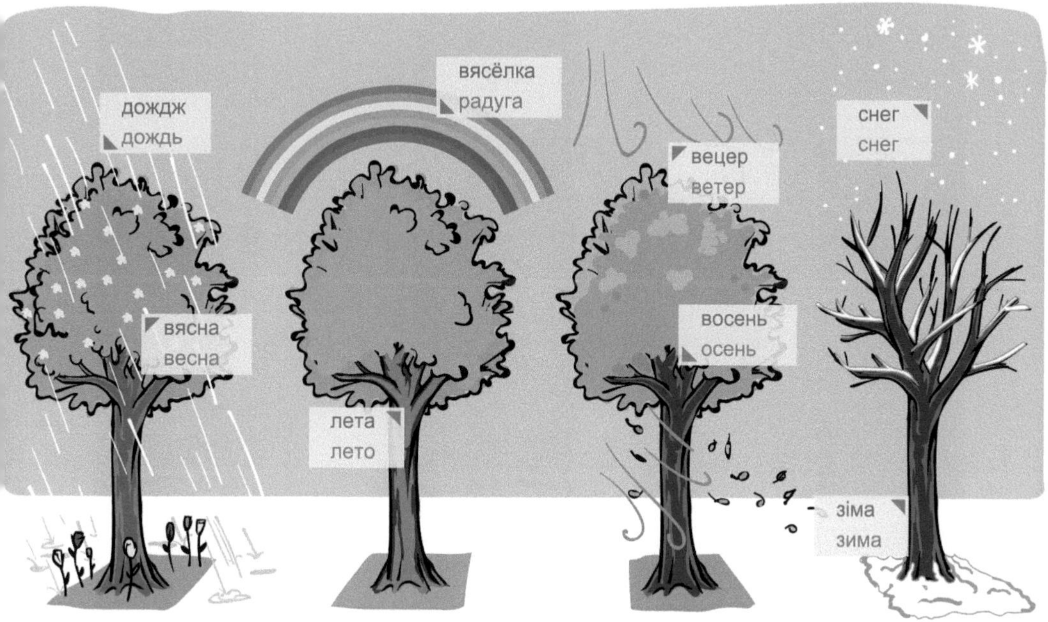

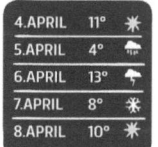

прагноз надвор'я

прогноз погоды

F C
120 40
90 30
60 20
30 10
0 0
-30 -10
-20

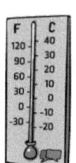

градуснік

термометр

сонечнае святло

солнечный свет

воблака

туча

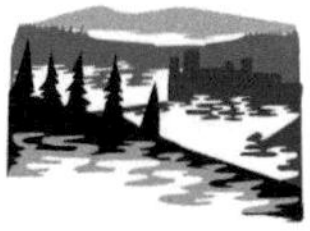

туман

туман

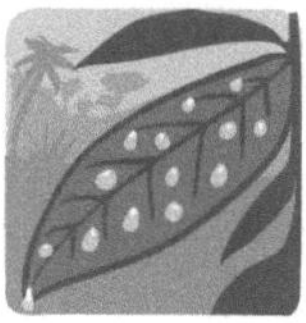

вільготнасць паветра

влажность воздуха

маланка

молния

гром

гром

бура

буря

град

град

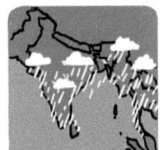

мусонны вецер

муссон

прыліў

наводнение

лёд

лёд

студзень

январь

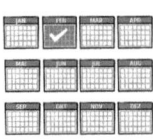

люты

февраль

сакавік

март

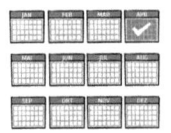

красавік

апрель

май

май

чэрвень

июнь

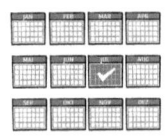

ліпень

июль

жнівень

август

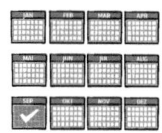

верасень
....
сентябрь

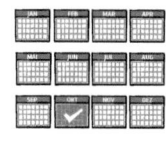

кастрычнік
....
октябрь

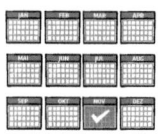

лістапад
....
ноябрь

снежань
....
декабрь

круг
....
круг

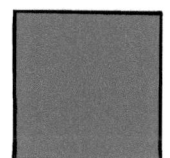

квадрат
....
квадрат

прамавугольнік
....
прямоугольник

трохвугольнік
....
треугольник

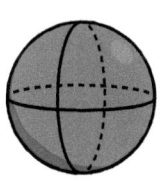

шар
....
шар

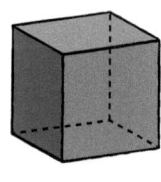

куб
....
куб

белы

белый

жоўты

желтый

аранжавы

оранжевый

ружовы

розовый

чырвоны

красный

фіялетавы

лиловый

сіні

синий

зялёны

зелёный

карычневы

коричневый

шэры

серый

чорны

черный

шмат / мала

много / мало

злы / добры

яростный / мирный

прыгожы / брыдкі

красивый / уродливый

пачатак / канец

начало / конец

высокі / малы

большой / маленький

светлы / цёмны

светлый / темный

сястра / брат

брат / сестра

чысты / брудны

чистый / грязный

поўны / няпоўны

полный / неполный

дзень / ноч

день / ночь

мёртвы / жывы

мёртвый / живой

шырокі / вузкі

широкий / узкий

ядомы / неядомы

съедобный / несъедобный

злы / добры

злой / дружелюбный

узбуджаны / нудны

взволнованный /
скучающий

тоўсты / тонкі

толстый / худой

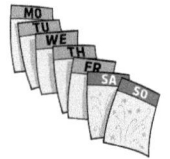

першы / апошні

сначала / в конце

сябар / вораг

друг / враг

поўны / пусты

полный / пустой

цвёрды / мяккі

твёрдый / мягкий

важкі / лёгкі

тяжёлый / легкий

голад / смага

голод / жажда

хворы / здаровы

больной / здоровый

нелегальны / легальны

незаконный / законный

разумны / дурны

умный / глупый

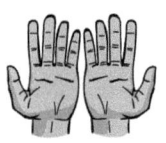

левы / правы

слева / справа

побач / далёка

близко / далеко

новы / былы ва ўжыванні

новый / подержанный

нічога / нешта

ничто / нечто

стары / малады

старый / молодой

укл / выкл

включено / выключено

адчынены / зачынены

открыто / закрыто

ціхі / гучны

тихо / громко

багаты / бедны

богатый / бедный

правільна / няправільна

правильный / неправильный

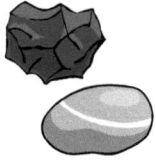

шурпаты / гладкі

шероховатый / гладкий

сумны / шчаслівы

печальный / счастливый

кароткі / доўгі

короткий / длинный

павольны / хуткі

медленный / быстрый

вільготны / сухі

мокрый / сухой

цёплы / халаднаваты

тёплый / прохладный

вайна / мір

война / мир

0

нуль

ноль

1

адзін

один

2

два

два

3

тры

три

4

чатыры

четыре

5

пяць

пять

6

шэсць

шесть

7

сем

семь

8

восем

восемь

9

дзевяць

девять

10

дзесяць

десять

11

адзінаццаць

одиннадцать

12
дванаццаць
двенадцать

13
трынаццаць
тринадцать

14
чатырнаццаць
четырнадцать

15
пятнаццаць
пятнадцать

16
шаснаццаць
шестнадцать

17
сямнаццаць
семнадцать

18
васямнаццаць
восемнадцать

19
дзевятнаццаць
девятнадцать

20
дваццаць
двадцать

100
сто
сто

1.000
тысяча
тысяча

1.000.000
мільён
миллион

англійская

англійский

англійская (Амерыка)

американский английский

кітайская мандарынская

мандаринский китайский

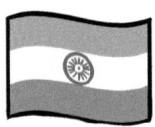

хіндзі

хинди

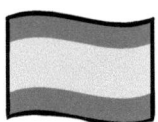

іспанская

испанский

французская

французский

арабская

арабский

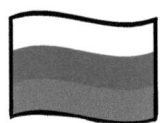

руская

русский

партугальская

португальский

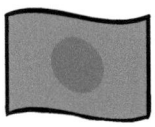

бенгальская

бенгальский

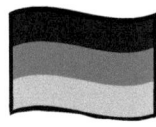

нямецкая

немецкий

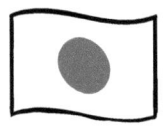

японская

японский

я
....
я

ты
....
ты

ён / яна / яно
....
он / она / оно

мы
....
мы

вы
....
вы

яны
....
они

хто?
....
кто?

што?
....
что?

як?
....
как?

дзе?
....
где?

калі?
....
когда?

імя
....
имя

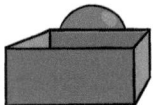

за
....
за

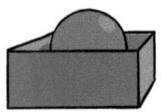

у
....
в

перад
....
перед

над
....
над

на
....
на

пад
....
под

каля
....
рядом

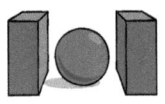

паміж
....
между

месца
....
место